AF347332

NOEL

DE

L'ABBÉ JOSEPH DUPONT

EN L'AN DE GRACE 1857

OU

LE FAIT D'HAPPENCOURT

NARRÉ

PAR L'ANCIEN CURÉ LUI-MÊME

ACTUELLEMENT CURÉ DE SUZY (AISNE)

Prix : 50 Centimes.

PARIS

IMPRIMERIE FÉLIX MALTESTE ET Cie,

RUE DES DEUX-PORTES-SAINT-SAUVEUR. 22.

1866

NOEL

DE

L'ABBÉ JOSEPH DUPONT

EN L'AN DE GRACE 1857

OU

LE FAIT D'HAPPENCOURT

NARRÉ

PAR L'ANCIEN CURÉ LUI-MÊME

ACTUELLEMENT CURÉ DE SUZY (AISNE)

Quelqu'un a dit : « Je connais l'abbé Dupont ;
il ne se tiendra pas pour battu, il écrira. »

Paroles de M. l'abbé PÉRONNE,
ancien curé de Flavy-le-Martel.

Je sais que l'on parle encore, à l'occasion, de l'ancien curé d'Happencourt et des péripéties de son retour dans cette paroisse; mais on dénature le fait, on retranche, on ajoute, et mille choses fausses se mêlent au vrai. Personne dans le public n'a une connaissance exacte des divers incidents et de la marche de ce fait fameux en son temps. Il en résulte beaucoup d'appréciations erronées, quelquefois malveillantes pour l'auteur de ce récit et pour l'honneur de sa réputation.

Ainsi nous apprenons que dans le diocèse de Reims en particulier on cherche, pour atténuer sans doute l'effet de notre *Lettre d'un Curé à un Cardinal*, à peindre sous les plus noires couleurs l'ancien curé d'Happencourt. Il est temps de rétablir les faits dans leur vrai jour sous les yeux du public, qui jugera, qui appréciera en parfaite connaissance de cause, muni de tous les éléments essentiels de l'affaire. C'est le but de ce récit authentique, qui n'a pas besoin de commentaires, puisque les réflexions et les conclusions surgissent de la narration même.

Je n'ai point à rougir du fait d'Happencourt, qu'on le sache bien, et je ne puis que gagner à ce qu'il soit pleinement connu. En me servant moi-même, selon mon droit, je crois encore en servir d'autres par la publication de ce fait mémorable. Il n'est rien de tel que des faits pour éclairer une situation. Les faits en disent plus que toutes les discussions les plus savantes et les plus profondes.

Je n'avais jamais essayé de retracer sur le papier cet épisode émouvant, cette phase orageuse de ma carrière. Je n'ai eu qu'à prendre la plume pour en fixer dans leur ordre naturel, sans confusion, les mille détails, tant mes souvenirs sont encore frais dans ma mémoire. Voici ce curieux récit dans toute sa simplicité et sa lucidité.

Après trois longues années de fatigantes tracasseries de la part d'un de mes paroissiens, le percepteur de l'endroit, j'avais lu en chaire un petit discours à son adresse, un discours regrettable sans doute et de jeune homme, mais *non un discours diffamatoire*, comme on le prétendit alors obstinément tant que je n'eus pas retiré une consultation en forme écrite et signée de la main de M. Vatrin. professeur de droit à la Faculté de Paris, qui me rendit ce petit service avec un noble désintéressement et une amabilité exquise. Ainsi point de diffamation dans mon regrettable écrit ; c'était le point capital. Je n'avais fait aucune allusion ni à la probité, ni aux mœurs bien connues, d'ailleurs, du percepteur.

Le curé du chef-lieu de canton ecclésiastique, homme d'esprit et de talent, mais très-mobile caractère, assez fraîchement installé, crut trouver là une excellente occasion (1) de faire du zèle, de montrer son aptitude administrative, et de complaire à ce qu'il

(1) Occasion qui ne se représenta plus que quand eut lieu la triste et comique affaire de la religieuse de Flavy-le-Martel.

prenait pour des grands de ce monde, tant son élévation nouvelle grossissait autour de lui tous les objets. Il fit un rapport envenimé de ce qu'il appelait ma *philippique* ou *diatribe*, bien qu'il en ignorât le contenu. Sans donc avoir lu ni entendu mon juvénile *factum,* sur le seul rapport et sur la plainte de mon adversaire, qui, étant à l'église et devinant qu'il allait être question de lui, sortit et n'entendit pas lui-même ce que j'allais dire, le susdit curé écrivit aussitôt à l'évêque une lettre qui le rendit *furieux.* C'est le mot qui m'a été rapporté par un des membres présents du conseil épiscopal. Le prélat, dans la fougue de sa colère, m'écrivit une lettre ineffable : suspense, retrait de pouvoirs, impérieux *veniat* pour me rendre sans délai au grand séminaire et y faire une retraite, mercuriale dure et amère, annonce, bien entendu, d'un changement de poste, tout m'arrive à la fois comme un coup de foudre et comme une grêle. C'était sa manière d'agir. D'autres l'avaient.éprouvé avant moi. Je n'ai point ici à faire ressortir l'irrégularité et l'anticanonicité de toutes ces mesures prises avec tant de précipitation. Elles sautent aux yeux de quiconque a les moindres notions du droit canonique.

Je n'étais pas encore aguerri; je me rends en novice épouvanté auprès de mon évêque. Je dois dire ici, tant pour être conforme à la vérité que pour montrer l'étrange versatilité du curé de canton susmentionné, qu'effrayé lui-même du résultat de son rapport à l'évêque, il lui avait écrit de nouveau dans un sens propre à lui faire entendre qu'il n'y avait pas lieu d'user de tant de rigueur. Après avoir tout gâté, il voulait ou fit semblant de vouloir tout réparer. Je dis : *fit semblant,* car il ne tarda pas à revenir sur ses pas et à se tourner de nouveau vers mes adversaires, qu'il ne quitta plus. Il fallait bien se fixer d'un côté ou d'un autre et prendre une attitude définitive, sous peine de passer pour ce qu'il était, quelque chose de semblable à ce qu'agite et tourne à son gré le vent.

J'arrive au palais épiscopal ; je m'explique, l'évêque s'adoucit. Néanmoins, pour ne point se démentir, il borne la leçon à m'imposer huit jours de recueillement au séminaire, après lesquels il est convenu que je retournerai paisiblement dans ma paroisse. Mais pendant ces huit jours il s'est passé quelque chose, on a de nouveau travaillé l'esprit de l'évêque, qui revient sur sa décision première. Évidemment s'agitait sur ma tête la *rose des vents*, et je ne suis plus étonné maintenant que tout cela dût se terminer par une tempête. Car si tous devaient tourner autour de moi comme des sylphes dans l'air, je devais demeurer immuable et ferme de volonté comme un chêne vivace qui rompt, mais ne plie pas au gré de l'ouragan.

Bref, lorsque je viens civilement, après huit jours passés au grand séminaire, prendre congé de mon évêque pour retourner à mon poste, il m'annonce, sans vouloir entrer dans aucune explication, que je suis irrévocablement nommé à une autre cure ; et, dans la crainte que je ne résiste, il m'ôte de nouveau mes pouvoirs de curé d'Happencourt. C'était la quinzaine de Pâques ; on allait entrer dans la semaine, sainte il s'imaginait, bien à tort, qu'en allant faire mon déménagement, je voudrais confesser et communier mes paroissiens. J'ai le cœur navré, je suis indigné, profondément irrité de tels procédés. Tout homme de cœur l'eût été comme moi. Je suis forcé de m'exécuter, je m'exécute bravement, mais en me promettant bien toutefois de faire revenir l'évêque sur sa décision aussi injuste que légère. Je ne dirai pas *si anticanonique*, puisque l'ancienne discipline n'existe plus en France, et que nous vivons sous un régime d'instabilité.

Rendu à ma nouvelle destination, une autre paroisse bouleversée par le départ forcé du curé que ses paroissiens aimaient passionnément, j'entreprends une campagne fiévreuse de lettres à mon évêque. Je ne m'appuie pas sur le droit que j'ignore ; mais, armé du seul bon sens, je lui en dis tant et tant pendant l'espace d'un an qu'il a l'humilité grande de me confesser à moi-même *verbalement* qu'il a été trop loin et que mon changement de résidence n'était pas suffisamment mérité. En droit il ne l'était pas du tout. Je lui déclare que je suis heureux de ses paroles, mais que des paroles ne réparent rien, que j'attends de son équité et de sa bienveillance effective qu'il me renvoie dans mon ancienne paroisse où je faisais le bien, tandis que mon pauvre successeur, mal accueilli par ces braves gens, ne pouvait y rester. Mon retour enfin est résolu, on me demande d'attendre un peu. Après dix-huit mois d'instance, on

me nomme de nouveau à mon ancien poste. Mais on n'a pas pris
de précautions suffisantes. L'évêque s'imagine que, dès qu'il a
parlé, rien ne doit résister à sa volonté. Mon retour s'exécute dans
des conditions défavorables. Mes adversaires redoutaient ce retour
qu'ils savaient avoir été entravé six mois auparavant par l'opposition formelle de mon prétentieux curé de canton. Ils sont instruits
de ma renomination vingt-quatre heures avant moi. C'est assez
pour tout compromettre.

Le susdit curé du chef-lieu de canton ecclésiastique, un curé voi-
sin, mon ancien confesseur, qui m'en veut je ne sais pourquoi, qui
est jaloux, dit-on, de l'attachement que me témoignent mes paroissiens et qui est fort maladroitement chargé, à la place du premier,
de procéder à mon installation, se joignent au percepteur et au
maire, qui, depuis l'origine de l'affaire, a pris le parti du percepteur
contre le curé, uniquement parce que l'un est le percepteur et l'autre
le curé. Tout ce monde-là m'est souverainement hostile. Il ne veut
pas subir un tel échec, celui de me voir revenir exercer paisiblement
le saint ministère au milieu de gens qui m'aiment. On se concerte,
on délibère une grande partie de la nuit. Le percepteur, le maire
et les conseillers municipaux ralliés à la cause de ces messieurs, et
qui sont en même temps membres du conseil de la fabrique,
conviennent que les susdits conseillers de fabrique iront aux
champs, et ne répondront à aucune convocation. La formalité de
l'installation ne peut s'accomplir selon l'usage. Le maire, d'ailleurs,
s'est, de son côté, emparé des clefs de l'église et du presbytère.
Pendant *cinq semaines* je ne puis célébrer le saint sacrifice dans ma
paroisse, ni y exercer aucun ministère. On ne sonne même plus le
traditionnel *Angelus* du matin, du midi et du soir. Pendant *quatre
ou cinq dimanches consécutifs*, il n'y eut point de messe. Les fidèles
furent dispensés de l'entendre par le fait de l'interdiction de tout
culte. Il n'y eut point de prison pour celui qui apportait de si radi-
cales entraves à l'exercice public de la religion; ce sort était réservé
à un autre.

Patience! nous touchons au long dénoûment de ce drame d'un
nouveau genre.

Je suis tant bien que mal installé par l'autorité ecclésiastique au bout de quinze jours dans le cimetière attenant à l'église, mise en séquestre et fermée, sans que personne ose l'ouvrir. Mgr l'évêque a député à cet effet M. le curé de la ville et de la cathédrale de Laon, chef-lieu du département. Puis, après *cinq semaines* d'attente à la porte de l'église et du presbytère, mon mobilier étant resté en dépôt dans la grange qu'une personne honorable de l'endroit avait bien voulu mettre à ma disposition, je pus enfin prendre possession de l'église et du presbytère dont M. le sous-préfet de Saint-Quentin me renvoya officiellement les clefs *affranchies* et surchargées de nombreux timbres-poste.

Mais en même temps que je m'installais définitivement et réellement à la grande irritation de mes adversaires, voici ce qui arriva. A part deux membres du conseil municipal, lesquels je suis heureux de nommer ici et de remercier, MM. *Quéquignon-Flamand* et *Leclère-Lobbé*, qui surent rester indépendants et ne point participer à toutes ces menées, le conseil municipal en masse, le maire en tête, donna sa démission, ainsi que le conseil de fabrique composé des mêmes notables. Une élection de député rejetée par la Chambre législative, faute par le candidat élu d'avoir l'âge prescrit, était venue donner un tour fatal aux choses et compliquer la situation en favorisant mes adversaires. Ce fut une nouvelle tactique sur un autre terrain. Mon maire démissionnaire, conseiller général, homme timide et faible, laboureur qui avait autant le désir d'être député que moi et qui aurait été bien fâché d'avoir à troquer le séjour de sa ferme pour le séjour de Paris, poussé par les siens et ses amis, posa sa candidature à l'encontre de l'ancien élu, qui se présentait de nouveau au suffrage de ses premiers électeurs sous le patronage du Gouvernement. Celui-ci eut crainte de voir sa candidature officielle échouer. Pour conjurer le danger, on appelle à Paris au ministère de l'intérieur et des cultes évêque, préfet, maire démissionnaire, notre improvisé candidat d'opposition.

Il paraît que l'évêque, Mgr de Garsignies, se défendit courageusement, et qu'appuyé sur les seuls *articles organiques*, il prouva qu'il n'avait usé que de son droit légal en me renvoyant dans mon ancienne paroisse. On l'aurait vivement exhorté à me signifier mon transfert à un autre poste. Au maire démissionnaire qui s'évanouit, dit-on, dans l'antichambre du ministre, et qui, revenu à lui, promit qu'une fois le curé dehors il retirerait sa candidature et reprendrait ses fonctions de maire pour présider le scrutin de vote, on aurait dit que dans les vingt-quatre heures je ne serais plus à Happencourt. J'y étais encore cinq ou six jours après. Mais le temps pressait, mon maire ne reprenait pas ses fonctions, et le jour de l'élection approchait. Cependant Mgr l'évêque, qui s'était rendu à Saint-Quentin, m'envoya un exprès, un confident qui, sans explication aucune, vint me dire que Monseigneur m'attendait auprès de lui et qu'il venait me chercher. Je crus à un piége, je crus à la versatilité de mon évêque et à une pression nouvelle de la part de mes adversaires sur son esprit. Il était dix heures du soir. Je fis une colère qui effraya le pauvre et timide parlementaire. Il repartit seul. Le lendemain matin, je fis porter à Monseigneur une lettre où je lui exprimais mes impressions. Remarquez que je ne savais pas ce qui se passait. Je soupçonnais bien qu'il se passait quelque chose ; mais le confident de Monseigneur ne me dit pas un mot de la complication et de la réalité de la situation que 'ignorais encore. C'est alors que mon évêque m'écrivit lui-même pour redresser mon erreur et me révéler la vérité tout entière. Il me disait qu'il y avait *cas de force majeure (?)*, *qu'il n'était plus maître de la situation, qu'il fallait céder à la force des événements.*

Je lui répondis que dès lors il n'y avait aucune désobéissance de ma part à ne point accéder à sa touchante prière, et je le conjurai à mon tour de me laisser seul, à mes risques et périls, en face des événements, et de ne pas m'ôter mon titre de curé d'Happencourt ; ce qu'il fit.

Les gendarmes venaient au village, soit pour voir ce qui se passait, soit pour m'intimider. Le confident de Monseigneur, un prêtre, eut le cœur d'accepter la mission de venir de nouveau chez moi, accompagné du lieutenant de la gendarmerie, s'il vous plaît. J'exigeai que M. le lieutenant se retirât avant d'entrer en communication avec mon confrère qui venait me proposer enfin au nom de mon évêque une pension de 1,200 francs par an, et me montrait, pour me déterminer, les dépêches télégraphiques qui partaient des ministères pour précipiter mon éloignement. Un des grands-vicaires me fut encore député la veille du Noël de l'année 1857, le jeudi. Le lendemain, vendredi, après avoir chanté la messe de la solennité en présence de la paroisse entière, je reçus la visite de M. le sous-préfet et du procureur impérial qui me parla seul, à qui je ne répondis mot, malgré tout ce qu'il me dit pour me faire rompre le silence dans lequel je m'étais renfermé. Je lui avais toutefois déclaré d'abord que s'il avait une mission à remplir vis-à-vis de moi, il n'y avait rien que de juste à ce qu'il fît son devoir ; il me fit entendre le sort qui me menaçait, si je ne cédais pas. Or, j'étais bien résolu à boire le calice jusqu'à la lie et à ne pas reculer.

Ces messieurs me quittèrent sans rien obtenir. J'allai de ce pas faire un baptême. C'était l'heure des vêpres ; moi qui suis encore dans la sacristie, me disposant à les commencer, j'apprends tout à à coup que les gendarmes cernent l'église et veulent interdire du dehors toute communication avec ma personne. On m'a peint chez le maire sous de si noires couleurs en leur présence qu'ils s'imaginent avoir affaire à un bandit qu'il faut faire sortir de sa retraite par le besoin. Étant informé de ce qui se passe au dehors, je sors de l'église, je joins ces messieurs les gendarmes qui respectaient le seuil sacré de la maison du Seigneur, et je les conduis au presbytère, où je leur offre le rafraîchissement, qu'ils acceptent avec courtoisie. Je fais mes préparatifs de départ ; car, sur ma demande, le brigadier m'a exhibé le mandat d'amener tout frais dont il est porteur. Rassuré sur mon compte, il renvoie ses deux gendarmes, monte avec moi dans une voiture que je me suis procurée. A ce moment, d'après une version qui courut dans le public mal informé, je me serais écrié : *Vive l'Empereur !* Or, je nie formellement d'avoir tenu ce propos ; je n'avais aucune raison de faire intervenir la personne du souverain en ce moment lugubre ; je ne commis pas cette inconvenance. J'étais parfaitement calme, ainsi que mes actes le prouvent, et ainsi que les agents de l'autorité ont pu le constater. Et c'est ainsi que je fus *enlevé le jour de Noël en l'an de grâce* 1857, immédiatement avant les vêpres, qui n'eurent point lieu, en présence de mes paroissiens rassemblés devant l'église et le presbytère et pleins de stupeur.

Arrivés à Saint-Quentin le brigadier et moi, nouvelles tentatives de la part du magistrat qui m'avait fait arrêter pour me déterminer à m'éloigner de mon gré d'Happencourt. Je dis que j'en suis le curé (on se rappelle en effet que sur mes instances mon évêque ne m'avait pas retiré mon titre), je proteste en termes contenus contre mon arrestation. On finit par me faire conduire .... en prison.

Par une attention particulière de la Providence, j'avais été quelques années auparavant aumônier de la prison de Laon. Je connaissais le régime. Je ne fus pas du tout déconcerté. J'étais presque content. C'était fini.

On l'avait emporté de haute lutte. Pendant que je me reposais de ces affreux jours d'acharnement contre ma personne, le député qui se trouvait à nommer sortait de l'urne électorale, seul victorieux et triomphant. Mon maire avait repris avec bonheur les fonctions qu'il exerce encore (1). Ne devais-je pas être sacrifié au bien de tous? Ce n'était que juste, et je l'avais bien mérité. Il est entendu qu'après dix-huit jours de prison *préventive* infligés à mon obstination insensée, je fus très-généreusement relâché par suite d'une ordonnance de non-lieu. Le motif d'une pareille arrestation, car il en fallait un, je l'appris en subissant un interrogatoire où je répondis tout d'abord à M. le juge d'instruction qui commença par me dire que j'étais plus fait pour être un *zouave* qu'un *prêtre :* « Monsieur le juge d'instruction, vous êtes juge d'instruction, et non pas juge des vocations. » Il comprit de suite à qui il avait affaire, et il fut plus réservé dans ses dires.

On supposait donc avec une aimable horreur que j'avais *dû* vouloir jouer et répéter le rôle aussi exécrable qu'insensé de Verger, qui avait commis son épouvantable crime à peu près un an auparavant, et que j'avais intimidé mon évêque par des menaces ver-

(1) Quant à mon ancien curé de canton, après une risible déconvenue d'évêque manqué, il attend toujours, comme dans le conte de la *Barbe-Bleue*, quelque chose qu'il voie venir. On le dit très-ennuyé de sa position nouvelle et de sa stalle de chanoine. Une stalle, en effet, c'est écœurant. Je n'ai point de rancune, je fais des vœux très-sincères pour qu'il parvienne à l'épiscopat. Il en est aussi digne que d'autres,

bales ou écrites. Que serais-je devenu, grand Dieu ! si j'eusse été réellement coupable d'un semblable délit, et si mes paroles, si mes écrits, qui furent fouillés et examinés, ainsi que mes lettres, eussent renfermé quelque indice d'une telle monstruosité? J'aurais été perdu sans ressource, et il m'est permis de croire que l'on ne m'eût pas ménagé. On m'eût envoyé après jugement ... . à Cayenne. Je sais que bon nombre de personnes qui s'intéressaient charitablement à mon sort conçurent alors des craintes qui marquaient leur bon cœur. Je dois dire aussi que les confrères charitables qui s'étaient tournés contre moi dans cette affaire ne me témoignèrent nullement cette sorte d'intérêt.

Heureusement je n'avais rien à redouter sous ce rapport. Sans cela j'avoue avec franchise qu'en ayant eu tout le temps, j'aurais pourvu à ma sûreté par la fuite. Mais j'étais fort de mon innocence, mon honneur ne me permettait pas de prendre une telle résolution. Celle que je pris, ce fut de subir jusqu'au bout la persécution dont j'étais l'objet. Et voilà. *Et nunc, reges, intelligite ; erudimini qui judicatis terram. Et maintenant, ô rois, apprenez ; instruisez-vous, juges de la terre.*

Je dois ici au public une explication. De la prison, j'écrivis une lettre à mon évêque, lettre qui a été publiée dans une petite feuille hebdomadaire qui n'existe plus. Elle n'aurait pas dû l'être. Cette lettre d'un caractère tout confidentiel et faite en vue des circonstances, ne pouvait être entièrement comprise du public. Aussi est-ce avec raison que beaucoup de bons esprits en ont vu avec regret la divulgation. Je viens de la relire, cette lettre. Évidemment elle porte des traces d'exagération dans les termes à l'endroit où je fais amende honorable à mon évêque en m'accusant. Dans une lutte, et une lutte aussi longue, chacun a des torts. J'ai eu les miens. Mais que l'on y fasse bien attention, on verra que je passais l'éponge sur tous ceux de mon évêque à qui je n'avais pas à les rappeler en ce moment, puisque je voulais démentir le bruit que répandait *un certain monde* que j'étais un *ange rebelle,* un *insurgé,* qui ne reconnaissait plus l'autorité de son supérieur. Ce qui était absolument faux, ainsi que toute ma correspondance le prouve. Voilà tout ce que j'ai à dire de cette lettre. Les nobles et délicats sentiments qu'elle exprime n'atténuent en rien les faits ni les choses au point de vue du droit et de la vérité.

Sorti de la prison, je fis avec mon évêque qui, malgré sa fougue, avait une grande noblesse de sentiments et un bon cœur, une paix sincère et honorable. Mais il est mort. Et ceux qui lui ont survécu, les demeurants de son conseil qui s'étaient opposés à ce qu'il me renvoyât dans ma paroisse, eux qui n'avaient pas eu le courage de s'opposer à l'idée malheureuse d'un premier changement, m'en ont toujours gardé plus ou moins rancune. Mais il me va bien de leur pardonner en faveur de la peine qu'ils se donnent de montrer ce qu'ils sont. J'ai le tort à leurs yeux d'être un homme trop décidé, trop loyal et trop franc ; c'est une manière de faire compensation à ce qui ne l'est point assez. J'ai trop de cette honnêteté qui est exclusive de tout servilisme, qui ne biaise point, et qui repose sur la dignité du caractère. Je ne changerai pas. Je resterai ce que je suis et où je suis, je veux dire, au dernier rang avec les petits et les humbles. A cette place, qu'au moins personne ne m'envie et qui ne me fera pas passer pour un *toutou,* ce qui me ferait horreur, à cette place je me plais beaucoup, malgré le dénûment et la gêne. Je ne me sens pas un grain d'ambition, et au besoin je saurais le prouver.

Mais, dira quelque plaisant, vous n'avez pas grand mérite à renoncer à tout honneur. — Qu'en savez-vous? Peut-être bien achèterait-on mon silence au prix de quelque bleuet. Cette idée me remet en mémoire le trait de vie de ce fameux *solitaire* à qui l'on fit la barbe, et qui cessa d'écrire ces biographies célèbres qui répandaient au loin la terreur, dès qu'on l'eut amadoué. Fi du courage que l'*honneur* peut corrompre ! Pourquoi n'aurais-je pas quelque mérite à rejeter *à priori* tout ce qui fait tourner la tête aux pauvres mortels ? Nous voyons tant de choses se succéder en ce monde! Ce qui est combattu aujourd'hui est en faveur demain. Nous vivons dans le temps des revirements d'opinions et des surprises. Puis n'oubliez pas, mes amis, que *au bout de dix ans*

Le roi, l'âne, ou moi, nous mourrons.

La Fontaine, *fable du Charlatan.*

Je confesse, d'ailleurs, sans peine que dans un tout autre sens je n'ai pas grand mérite à renoncer à toute dignité, à tout honneur. Ne voulant être l'obligé de personne, sachant que les moindres dignités sont des servitudes, ami par-dessus tout du repos et de l'indépendance personnelle, je ne me sens nullement d'humeur à me lier trop au service des autres, fût-ce par des chaînes d'or qui auraient d'autant mieux l'insolence de me river à ce que je ne voudrais pas. On a beau dire qu'en s'élevant on est le maître, on s'abuse ; on est le maître de fort peu de chose. Un homme en place obéit plus qu'il ne commande ; il subit mille pressions qui le font gémir, il est obligé à mille ménagements qu'ignore celui qui n'est rien. Le premier a mille maîtres, le second n'en a qu'un. Voilà ma conviction confirmée par les allures de ceux qui portent le fardeau d'un pouvoir plus riche d'entraves que de liberté. Je pressens assez le revers de la médaille, pour n'être point ébloui par l'éclat des apparences ; je vois trop les écueils contre lesquels l'élévation pousse les autres pour courir pareille aventure. J'avoue enfin qu'un aussi grand dévouement et une telle responsabilité effrayent mon insuffisance et me ramènent au sentiment de mon néant. Non, je ne suis point un ambitieux vulgaire. Mon ambition, si c'en est une, est tellement petite et tellement haute, que comme petite j'espère bien en atteindre l'humble objet, et que comme haute je me propose de réaliser chaque jour le vœu qu'elle m'inspire sans espoir de succès. Je poursuis un autre but que de *grimper*, je le dis bien haut. Je laisse ce pénible souci aux nullités prétentieuses ou aux mérites ambitieux. Parvenus ou consumés de la fièvre de parvenir, ils tombent malades, et je me porte à merveille. L'abstinence me fait du bien, tandis que l'ambition tue avant l'âge.

J'aime les champs, le spectacle de la nature, la verte pelouse, le frais ombrage, les épis en fleur, l'ondoiement des blés mûrs. J'aime les petits oiseaux et la mélodie de leurs concerts. J'aime par-dessus tout la retraite et l'étude, ces deux sœurs qui font le charme l'une de l'autre. J'aime les livres, ces interlocuteurs muets, ces précieux maîtres qui vous instruisent sans prétention, et qui vous laissent libres d'accepter ou de rejeter les leçons qu'ils contiennent. J'aime la vie calme et silencieuse du presbytère de campagne. Avec ces goûts simples on a partout le cœur content, l'esprit satisfait. On ne connaît ni l'ennui qui bâille ou qui s'occupe de riens, ni l'accablement des affaires. On vit aussi heureux que le pauvre résigné et non envieux du sort d'autrui. Il est vrai que partout et dans toutes les conditions la vie a ses traverses. Mais Dieu soit béni en tout ce qui nous arrive de contraire ou d'heureux !

Accueillez, vous surtout, vénérés confrères, que nous espérons mieux servir par notre retraite studieuse que par l'éparpillement et l'étiolement de nos facultés au milieu du monde, accueillez ce faible échantillon de ce que notre plume, ou mieux, notre *trognon* de plume, qui a pris le mors aux dents, vous prépare, et que vous lirez un jour, s'il plaît à Dieu.

Fait à Suzy, le 15 août 1866.

OUVRAGES DU MÊME AUTEUR.

MÉMORIAL DE LA VIE CHRÉTIENNE, d'après le *Memoriale vitæ sacerdotalis,* adapté à l'usage des fidèles; un fort in-8° broché. . . . **1 fr. 50 c.**

Le même relié plein en basane. . . . . **2 fr. » c.**

UNE CONTRE-BROCHURE à propos de l'amovibilité des curés, in-8° . . . . **0 fr. 75 c.**

LETTRE D'UN CURÉ A UN CARDINAL, in-8°. . . . . **0 fr. 75 c.**

Les deux brochures prises ensemble . . . . **1 fr. » c.**

L'IMITATION DE JÉSUS-CHRIST, nouvelle traduction française, avec des traits choisis de la vie des Saints à la fin des chapitres, un fort volume in-8° carré, broché . . . . . **2 fr. » c.**

Le même, relié en percaline chagrinée . . . . **2 fr. 50 c.**

    —   en basane chagrin, tr. jaspée. . . . . **3 fr. » c.**

    —   en basane chagrin, tr. dorée . . . . **3 fr. 50 c.**

    —   en chagrin 2ᵉ choix, tr. dorée . . . . **4 fr. 50 c.**

    —   en chagrin 1ᵉʳ choix, tr. dorée, avec fermoir oxydé . . . . **6 fr. » c.**

Pour toute demande particulière, envoi *franco* par la poste contre un mandat de poste ou timbres-poste.

Pour les demandes en gros, il sera traité de gré à gré avec l'auteur-éditeur, curé de Suzy, par Anizy-le-Château (Aisne).

Paris. — Imprimerie FÉLIX MALTESTE et Cᵉ, rue des Deux-Portes-Saint-Sauveur, 22.

www.ingramcontent.com/pod-product-compliance
Lightning Source LLC
LaVergne TN
LVHW010829180726
843502LV00009B/3530